annasの
プチ刺繍

川畑杏奈　日本文芸社

annas
petite broderie

イラストを描くように、色を塗るように。

私が刺繍をはじめたのは、以前からイラストを描くのが好きで、絵を描くように糸で布に描けたら…、と思ったのがきっかけでした。そこから、色を塗るように糸で色をつけていく刺繍にはまってしまい、今に至ります。針と糸で描く世界はペンで描くのとはまたひと味違って、細かなところが少し曖昧なだけに、想像をかき立てるところがあります。この、針と糸で描く小さな世界を作る楽しさを、皆さんにもぜひ味わってもらえたらいいなと思っています。

小さな図案に色を塗るように、
ひと針ひと針刺していく時間は、至福のとき。

少し太っちょになったリスも、
色を抑えたシックなレリーフ模様も、
愛着の湧く、かわいい存在。
刺していると、できあがりが楽しみで、
先へ先へと刺し進めてしまいます。

図案を考えている時は、
ストーリーを思い浮かべながら。
気にいったシチュエーションを思いついたら、
小さなスケッチからはじまるその世界は、
どんどん広がっていきます。

Contenu

🕊 **1章 サテン・ステッチをはじめよう**

ミモザの小枝	p.6
●サークル・サテン・ステッチ	p.7
帆船	p.8
●スクエア・サテン・ステッチ	p.9
●トライアングル・サテン・ステッチ	p.9
つばめ	p.10
●エンター・サテン・ステッチ	p.11
シロツメクサ	p.12
●バードフット・ステッチ	p.13
point 前にあるものから刺す	p.14
point 図案は組み合わせて使える	p.15

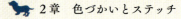 **2章 色づかいとステッチ**

アネモネ	p.17
連続柄の色バリエーション	p.18
point 隣り合う図案の刺し方	p.19
point ロング＆ショート・ステッチ	p.20
point チェーン・ステッチ	p.21

3章　毎日楽しむ刺繍

アネモネとマーガレットのポットマット	p.22
縁飾りつきタオル	p.23
連続模様＊アラカルト	p.24
連続模様のポットマット	p.25

シロツメクサのプルオーバー	p.26
花模様のエプロンスカート	p.27
きのこのブックカバー	p.28
キッチンとガーデン	p.29
ハーブのサシェ	p.30
小さながまぐち	p.31
アルファベットサンプラー	p.32
一週間のハンカチ	p.33
動物達のブローチ	p.34
木枠のブローチ	p.36

回転木馬の巾着	p.37
乗り物 etc.	p.38
ラプンツェル	p.40
長靴を履いた猫	p.41
ラプンツェルの刺し方	p.42

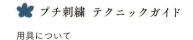 プチ刺繍 テクニックガイド

用具について	p.44
材料について	p.46
刺繍をはじめる前に...	
図案の写し方	p.48
刺しはじめ・刺し終わり	p.48
この本の刺し方のルール	p.49
刺し方ページの見方	p.49
図案と刺し方、仕立て方	p.50

1章　サテン・ステッチをはじめよう

この本で提案している図案は、サテンSをベースにして刺し埋めるものです。サテンSは、糸を平行に何本も並べて面を作るステッチで、基本動作は運針のように「出して、入れる」。とてもシンプルです。色鉛筆で色を塗るような感じで、刺繍で図案に色をつけてみましょう。

ミモザの小枝　図案と刺し方 >> p.50

ふわふわと風に揺れる小さな黄色い花を刺しゅう糸で描きました。
花の大きさを少しずつ変えると、立体感が出ます。

サークル・サテン・ステッチ

🟡 円を刺すときは、中央から外へ、平行に刺します

1. 円の中央から刺します

2. 1針刺したところ

3. そのまま上に向かい、
   円に沿って平行に刺します

4. 上端まで刺したところ

5. 中央から下に向かい、
   平行に刺します

6. 円が一つ完成です

帆船　図案と刺し方 >> p.51

海原を、スイスイ進む、小さな船。
風を受けた帆と、たなびく旗をステッチで表現していきます。

スクエア・サテン・ステッチ

■ 四角いものを刺すときは、端から刺します。

1. 四角の１辺に対して平行に端から刺します

2. 同じ幅で、つづけます

3. 反対の端まで、完成です

トライアングル・サテン・ステッチ

▲ 三角形を刺すときは、２辺を刺してから、中を刺し埋めます。

1. 三角形の２辺を先に刺します

2. 中を、外側からそれぞれの辺に平行に刺していきます

3. 中心まで刺し埋めて、完成です

つばめ 図案と刺し方 >> p.52

羽を広げ、自由に空を渡っていく紫紺のつばめ。
羽先、尾の先まで、滑らかに刺すのがポイントです。

エンター・サテン・ステッチ

● サテンSから徐々に角度をつけて、アウトラインSへ

1. つばめの首元から刺しはじめます

2. 上に向かって、サークル・サテンSで刺します

3. 首元から胴体を刺します

エンター・サテンS
1/3ずつずらす

4. 尾にさしかかるところで前のステッチより3分の1ずらして次のステッチをします

5. そのまま、4と同じようにして、尾の先まで刺します

6. 同じ要領で、もう一方の尾も刺します

シロツメクサ 図案と刺し方 >> p.52

野原に小さな白い花は思い思いに咲き、ささやくように揺れています。
茎の長さや角度を変えて、動きを出します。

バードフット・ステッチ

🍃 葉を刺すときは、先端だけ鳥のあしあとみたいに刺して間を埋めます

1. 手前にある葉っぱの先端から刺します

2. 先端を、鳥のあしあとみたいに刺します

3. 片側を、トライアングル・サテンSの要領で刺し埋めます

4. 斜めのまま平行に、葉っぱの片側を刺します

5. 反対側の先端を、刺し埋めます

6. 斜めのまま平行に、反対側を刺します

point 前にあるものから刺す

奥行きのある図案を刺すときは、手前にあるものから刺します。
たとえばこのオリーブの枝の場合、一番下の実から。まず実を刺したら次に茎を、そして間の葉を刺します。
後ろに隠れる部分は、手前にあるものを先に刺して、そこを避けるように刺すと重なりがきれいに見えます。

図案と刺し方 >> p.53

 point 図案は組み合わせて使える

図案は単体で刺しても楽しめますが、組み合わせるとより豊かな表現ができます。
左ページのオリーブひと枝の図案を丸くつないで、リースにしました。
葉の色を変えることで全体の印象ががらっと変わります。

図案と刺し方 >> p.54

2章 色づかいとステッチ

土台になる素材選びと糸選びは、刺繍の醍醐味です。
直感でビビッと来るときもあれば、なかなか決まらず、
刺してみてやっぱりイメージと違った…、と選び直すこともしばしば。
でも、素材のコンビネーションや、色の組み合わせが
ばっちりハマったときは、モチーフが思っていた以上に素敵に見えて、
自分でも嬉しくなっちゃいます。

アネモネ　図案と刺し方 >> p.61

土台の色に合わせて、色をかえて刺してみました。
色合わせによって、シックになったり、ロマンチックになったり。
オリジナルの色合わせを考えて刺してみましょう。

連続柄の色バリエーション　図案と刺し方 >> p.55

レゼーデージーSの組み合わせで、小さな花と葉を刺します。
シンプルな連続柄は、キッチンタオルやシャツの前立てなど、いろんな場所に使える便利アイテム。
モノクロームの世界から、少しずつ色を足して、カラフルな世界へと導きます。

隣り合う図案の刺し方

図案と刺し方 >> p.56

りんごの花

薔薇

花びらのように、同じ色で隣り合うスペースを刺す場合
サテンSの方向を変えながら刺すことで、区別がつくようになります。
横に並んだスペースの場合、境界線と同じ縦向きに刺してしまうと、境目がわからなくなり
一つのかたまりになってしまいますので、横と横、縦と横、横と斜め、
などのように向きを変えて刺しましょう。

境界線がわかる刺し方

境界線がわからない刺し方

〈縦と斜め〉

〈横と横〉

〈縦と縦〉

〈縦と横〉

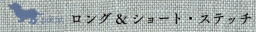

ロング＆ショート・ステッチ
図案と刺し方 >> p.57&58

白鳥

山羊

ダックスフント

フラミンゴ

スカンク

少し長い距離を刺す場合、サテンSから徐々にロング＆ショートSへとかえて刺します。
動物の毛並み、女の子の髪の毛などに使うことで、動きが生まれます。
サテンSが1cmをこえる場合はロング＆ショートSを使います。

point チェーン・ステッチ
図案と刺し方 >> p.59&60

おうち

チェーンフェザーS

アルファベット
（レゼーデージーS）

バスケット

エッフェル塔

チェーンSは、ラインを描いたり面を刺し埋めたりすることで、
サテンSやストレートSとはひと味違う表現ができます。

3章　毎日楽しむ刺繍

いろいろなアイテムに刺して楽しめるのが小さな刺繍の素敵なところ。
ブローチやハンカチなど、身につける小物から、無地のウエアやキッチン雑貨まで。
暮らしの中のいろいろなシーンにちょっとした彩りをプラスしてくれます。

‖ アネモネとマーガレットのポットマット ‖

図案と刺し方 >> p.61&62

ナチュラルカラーのリネンに
シックな色合いのアネモネとマーガレットを刺して、
北欧テイストのポットマットができました。

縁飾りつきタオル　図案と刺し方 >> p.63

ブルーの縁飾りをあしらったリネンタオルは、パウダールームを
華やかに彩ります。左右対称の連続柄は、中央から配置をし、
柄の区切りが良いところまでを入れます。

連続模様 ✿ アラカルト   図案と刺し方 >> p.63〜65

一つの柄を繰り返し刺すことでできる連続柄。
ハンカチやテーブルクロスの縁どり、シャツの前立てや
スカートの裾など、様々なアイテムに使えるオールマイティな図案です。

連続模様のポットマット　図案と刺し方 >> p.62, 64 & 65

左ページの北欧テイストの図案を
色数を増やして刺すと、東欧風のレトロテイストに。

シロツメクサのプルオーバー

図案と刺し方 >> p.52&53

ポケットからこぼれるように咲いているシロツメクサ。
ポケットの口から1cm下あたりまで刺すのが自然な仕上がりのポイント。
落ち着いた黄色に白を合わせて、上品なアクセントに。
ウエアに刺すときは、図案を単色にアレンジすると、
刺繍が主張しすぎず、服になじみます。

花模様のエプロンスカート

図案と刺し方 >> p.55&65

胸あてに刺した花柄で、シンプルなデニムが
フォークロアアイテムに変身。
1つの図案を、回転したり反転したりして
バランスのとれた柄に仕上げています。

きのこのブックカバー

図案と刺し方 >> p.66&67

秋の夜長は、時を忘れる読書タイム。
こんな可愛いオリジナルのカバーがあれば、
どこへでも、一緒に出かけられます。

キッチンとガーデン

図案と刺し方 >> p.68〜70

シックな色違いの図案。
1つで刺しても、組み合わせて刺しても。
左ページのブックカバーの図案とさしかえて使ってみてください。

ハーブのサシェ 図案と刺し方 >> p.71&72

中身のハーブをモチーフにした白の刺繍が可憐なサシェ。
ちょっとした贈り物にも、喜ばれます。

小さながまぐち 図案と刺し方 >> p.73&74

まちのある、ぷっくりとした仕立てが可愛い、
和テイストの小さながまぐち。淡い色の生地に
落ち着いた色の図案を組み合わせると上品にまとまります。

‖ アルファベットサンプラー　図案と刺し方 >> p.75～77 ‖

サテンステッチにぴったりな飾り文字。
イニシャルや名前を、ちょこっと刺すだけで気軽にオリジナルが楽しめます。

𝔐 abcdefg
hijklmn
opqrstu
vwxyz

┃一週間のハンカチ　図案と刺し方 >> p.77　┃

左ページのアルファベットをアレンジして、
シンプルなハンカチに刺しました。
毎日使うアイテムに曜日の刺繍をプラス。

月曜	Lundi
火曜	Mardi
水曜	Mercredi
木曜	Jeudi
金曜	Vendredi
土曜	Samedi
日曜	Dimanche

動物達のブローチ

図案と刺し方 >> p.78〜81

今にも動き出しそうな可愛い動物達を小さなブローチに描きました。
白やベージュ等の淡い色は糸の運びがよくわかるので、
毛並みを表現するときに向いています。

ふくろう

こやぎ

しろくま

はりねずみ

うさぎ

木枠のブローチ
図案と刺し方 >> p.81〜83

木の実

カルダモン

マートル

鮮やかな赤い布に白い糸で刺した、
鮮やかな印象のブローチ。
やさしい雰囲気の図柄と木の枠が、
ぬくもりを感じさせます。

回転木馬の巾着
図案と刺し方 >> p.84&85

回転木馬のイルミネーションの表現にぴったり合ったグラデーション糸。
そのまま刺し続けるだけで図案に変化をつけることができます。
刺してみるまで、どんなふうにグラデーションが出るかがわからないところも、楽しみの一つ。

汽車

気球

家と庭

乗り物や家などの図案は直線と円が多く登場します。
難しそうに見えますが、パーツが多いだけで、
実は簡単なステッチばかりです。

ラプンツェル

図案と刺し方 >> p.42, 89〜91

塔に閉じ込められた美しい少女ラプンツェル。
金色のきれいな長い髪と、髪につける花飾りが象徴的です。
しなやかな長い髪を刺すときは、エンター・サテンSと、
ロング＆ショートSを使います。

長靴を履いた猫

図案と刺し方 >> p.91〜93

Le Chat botté

颯爽とした立ち姿が印象的。
おちゃめでかしこい猫が活躍するこの話では、
長靴とマント、大きな袋がトレードマーク。
物語の舞台にもなるお城は、
トライアングル・サテンSと
スクエア・サテンSで刺しています。

ラプンツェルの刺し方

人物を刺すときは顔から刺しはじめます。そして体は、手前にあるものから順に刺していきます。同じ色だからといって、離れたところをあちこち刺さないで、隣り合うところから刺していきましょう。

1. 顔をサークル・サテンSで、中央から刺しはじめます

2. 顔が刺せました

3. 頭の飾りをサークル・サテンSで刺します

4. ドレスの肩部分、腕の順に刺します

5. 頭のてっぺんの髪を刺してから、飾りの下の髪を刺します

6. 髪を裾までロング&ショートSで続けて刺します

7. ドレスの飾りをサークル・サテンSで刺します

8. ドレスをロング&ショートSで刺します

9. 足を刺して、完成です

プチ刺繍 テクニックガイド

technique de broderie

用具について

A. ボンド®
   クラフトボンド。がまぐちやブローチの仕立てに使います。

B. トレーシングペーパー
   図案を写すための薄い紙。

C. 複写紙（チャコピー®）
   図案を布に写すときに使う、複写紙。水で消せるタイプを使います。（図案の写し方はp.48参照）

D. 刺繍針＆待ち針
   いろいろな太さの針があり、刺繍糸の本数に合わせて使い分けます。
   この本では、フランス刺繍針を使っています。

E. 糸切りばさみ
   刺繍糸を切るのに使います。写真のような先のとがったものが使いやすいです。

F. チャコペン
   水で消えるタイプのチャコペン。
   写した図案が薄いとき、ラインを書き足すときなどにも使います。

G. トレーサー
   複写紙を使って図案を布に写すときに使います。

H. 裁ちばさみ
   布を切るときに使います。

I. 刺繍枠
   刺繍しやすいように、布を張っておくための枠。
   いろいろな大きさがあり、図案の大きさに合わせて使い分けます。8～10cmサイズがオススメです。

J. セロファン
   図案を布に写すときに、トレーシングペーパーが破れないように上にのせて作業します。

K. スマ・プリ®
   片面が粘着シートになっている透明なシール。スマ・プリ本体に図案を写し、刺したいところに貼り付けて、
   上からじかに刺繍します。柔らかい布などは、貼ると張りが出て、刺しやすくなります。
   図案は、水性ペンやインクジェットプリンターで写すことができます。（使い方はp.48参照）

材料について

A. 接着芯
布が薄いときに重ねて、厚みを出すときに使います。不織布でも可。

B. 布
刺繍の土台にする布。あまり目が粗くないもの、伸びないものが扱いやすいです。

C. ブローチ金具
刺繍をした布をプレートに貼り付けて、裏側にブローチ台をつけます。

D. がまぐち
口金。大きさ、素材ともにいろいろあります。

E. キルト芯
ポットマットなどの中に入れます。

F. レース、ボンボンテープ
刺繍と組み合わせて、ポップにも、クラシカルにも使える、レースやテープ類。

G. 25番刺繍糸
糸は使いやすい長さの60cmにカットして使います。

刺繍をはじめる前に...

🌼 図案の写し方 ＜複写紙・チャコピー®の場合＞

1. 布の上に複写紙を下向きに置き、その上にトレーシングペーパーなどに写した図案をのせます　さらに、セロファンをのせ、トレーサーで図案をなぞります

2. チャコペンを使って、図案の薄い部分をなぞります

＜スマ・プリ®の場合＞

1. スマ・プリに図案を写します

2. 布の、刺したい位置にスマ・プリを貼ります

3. スマ・プリの上から刺繍をします

※ 刺し終わったらぬるま湯に5分程度漬けて、スマ・プリを溶かします

刺しはじめ

1. 図案の中央で、表から針を入れ、2目並縫いをします

2. 糸端を2cm程度残したところまで糸を引き、ひと目分戻ったところに針を刺します（これで糸は抜けません）

3. 表の糸端を短く切ります　上からサテンSを刺すと見えにくくなります

刺し終わり

1. 裏側に渡っている糸に2度通します

❋ この本の刺し方のルール

● 糸は、指定以外、2本どりで刺します。
● 刺し方は、指定以外、サテンステッチです。

● 糸の通し方　刺しまちがえたときに戻れるように針が抜ける状態に糸を通します

❋ 刺し方ページの見方

● 作品タイトル
● 使用している材料
● 実物大図案
　トレーシングペーパーやスマ・プリ®に写して使う
● 刺し方のワンポイント

● 掲載ページ
● 刺し方順序と使用糸
　掲載されている色番号はコスモ刺繍糸25番のものです
● ❋の位置が刺しはじめ
● ステッチの向き
　この図は拡大して表示しています

動物達のブローチ　photo>>p.34&35
● ふくろう
【布】ブルー
【糸】白（2500）、黒（600）
【その他】直径4cmのブローチ金具 1個

〈実物大図案〉

〈ステッチの順序と方向〉
ブローチの仕立て >>p.81

① 顔（2500）
② 頭（2500）
③ 羽根（2500）
④ おなか（2500）
⑤ しっぽ（2500）
⑥ 枝と葉っぱ（600）
⑦ 目とくちばし（600）

目（フレンチノット）2回巻き
③（ロング&ショートS）

point
花びらはまず白で刺し、縁を上から薄ピンク（1本どり）のストレートSで刺す。

note
使いやすい布というのは、値段と比例しません。安くても使いやすいものはあります。ポイントは目が詰まっていてそこそこ厚みがあるものです。綿が一番お勧めです。ガーゼのように薄いものや目の粗いリネンは、刺繍するとき布にしわがよりやすいです。

● 上手に刺すためのコツやアドバイス

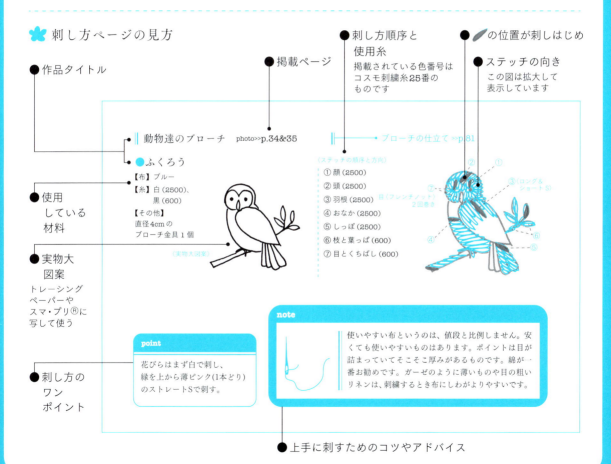

ミモザの小枝　photo>>p.6

【布】ライトグレー
【糸】黄(300)、グレー(154)

〈実物大図案〉

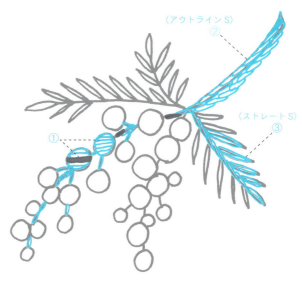

〈アウトラインS〉
〈ストレートS〉

〈ステッチの順序と方向〉

① 実(300)
② 茎(154)
③ 葉(154)

帆船　photo>>p.8

【布】白
【糸】ブルー（374）、赤（2343）、
　　　白（2500）、チャコールグレー（895）

〈ステッチの順序と方向〉

① 帆　ブルー（374）、白（2500）、赤（2343）
② 旗　ブルー（374）、赤（2343）
　　ポール　チャコールグレー（895）
③ 船体　ブルー（374）、赤（2343）、チャコールグレー（895）

〈実物大図案〉

note

使いやすい布というのは、値段と比例しません。安くても使いやすいものはあります。ポイントは目が詰まっていてそこそこ厚みがあるものです。綿が一番お勧めです。ガーゼのように薄いものや目の粗いリネンは、刺繍するとき布にしわがよりやすいです。そういうものに刺繍する場合はスマ・プリ®を使うか、接着芯か不織布を刺繍布の裏に重ねて、枠をして刺繍し、でき上がったら裏の無駄な接着芯だけを切り取るかします。

つばめ photo>>p.10

【布】黄色
【糸】白 (2500)、紺 (166)

〈実物大図案〉

〈ステッチの順序と方向〉
① 首→頭→しっぽ (166)
② 羽根 (166)
③ おなか (2500)
④ 奥の羽根 (166)

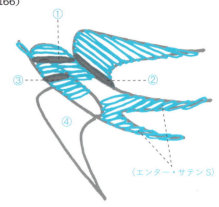

〈エンター・サテン S〉

シロツメクサ photo>>p.12

【布】鉄紺
【糸】白 (2500)、ブルー (374)

シロツメクサのプルオーバー photo>>p.26

【布】黄色の麻シャツ
【糸】生成り (151)

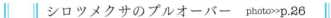

〈実物大図案〉

オリーブ photo>>p.14

【布】生成り
【糸】緑(537)

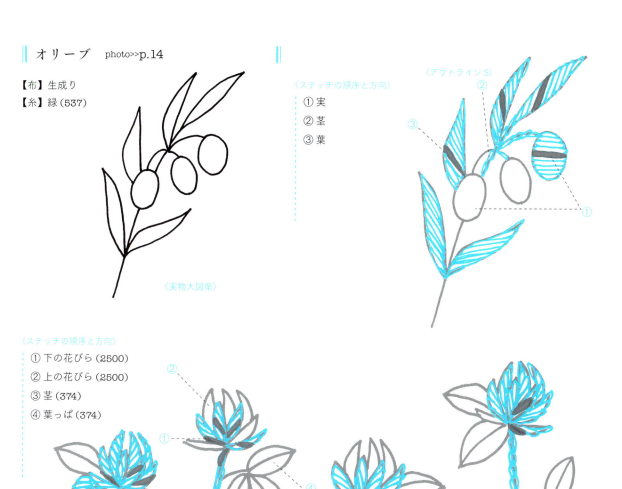

オリーブのリース　photo>>p.15

【布】ブルーグレー
【糸】チャコールグレー（895）、
　　　薄緑（681）

〈ステッチの順序と方向〉
① 実（895）
② 茎（681）
③ 葉（681）

〈実物大図案〉
②〈アウトラインS〉

note

刺繍をするときは、最初の時点で「これはイメージしている通りの形になるのだろうか」と必ず不安になります。たくさんの図案を考えてきた私も、毎回初めて刺繍するときは、不安になりながら刺繍をしています。でも大丈夫です！　3分の2ぐらいできてくると、ちゃんと形になっています。これは、刺繍をするときに必ず感じることなので、そういうものだと思って針を進めてみてください。上手くいきます。

連続柄の色バリエーション　photo>>p.18

【布】白
【糸】グレー(154)、ブルー(374)、
　　黄緑(269)、オレンジ(145)

● 1色で刺す：グレー(154)
● 2色で刺す：グレー(154)、ブルー(374)
● 3色で刺す：ブルー(374)、黄緑(269)、オレンジ(145)

〈実物大図案〉

〈フレンチノット〉2回巻き

〈レゼーデージーS〉

花模様のエプロンスカート　photo>>p.27

【布】紺のエプロンスカート
【糸】水色(730)、からし色(702)

※ステッチの順序と方向はp.65参照

〈実物大図案〉

(730)　(702)

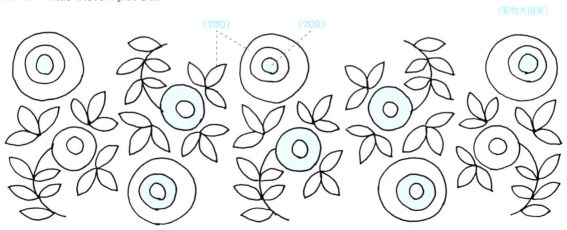

隣り合う図案の刺し方 photo>>p.19

● りんごの花

【布】水色
【糸】黄緑(269)、薄ピンク(481)、
　　　白(2500)

〈実物大図案〉

〈ステッチの順序と方向〉
① 花びら(2500)(481)
② 花心(269)
③ 葉(269)
④ つぼみ(481)

point
花びらはまず白で刺し、縁を上から薄ピンク(1本どり)のストレートSで刺す。

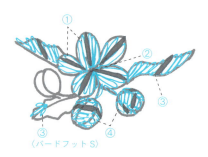

〈バードフットS〉

● 薔薇

【布】水色
【糸】グレー(154)、白(2500)、
　　　緑(845)

〈実物大図案〉

〈ステッチの順序と方向〉
①～③ 花びら(2500)
④ 枝(154)
⑤ 葉(845)

point
花びらは中心から外へ向かって1枚ずつ刺す。

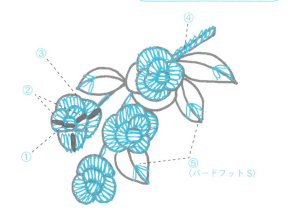

〈バードフットS〉

ロング&ショート・ステッチ　photo>>p.20

●白鳥

【布】グレー
【糸】紺(167)、
　　　黄色(299)

〈実物大図案〉

〈ステッチの順序と方向〉
① 頭(167)
② おなか(167)
③ 王冠(299)

③〈フレンチノット〉2回巻き
①
②〈ロング&ショートS〉

●山羊

【布】グレー
【糸】白(2500)、
　　　紺(167)

〈実物大図案〉

〈ステッチの順序と方向〉
① 頭(2500)
② 耳(2500)
③ 角(2500)(167)
④ 胴体→手前の脚(2500)
⑤ 奥の脚(2500)
⑥ ひづめ(167)
⑦ しっぽ(2500)
⑧ 目(167)

⑧〈フレンチノット〉2回巻き
〈ロング&ショートS〉

●スカンク

【布】グレー
【糸】白(2500)、
　　　紺(167)

〈実物大図案〉

〈ステッチの順序と方向〉
① 頭(2500)
② 耳(2500)
③ しっぽ(2500)
④ 胴体→前脚→後ろ脚(2500)
⑤ 背中の模様(167)
⑥ 目と鼻(167)

③〈ロング&ショートS〉

ロング&ショート・ステッチ　photo>>p.20

● ダックスフント
【布】グレー
【糸】白 (2500)、紺 (167)

〈ステッチの順序と方向〉
① 頭→胴体→手前の脚 (2500)
② 奥の脚 (2500)
③ 奥の後ろ脚 (2500)
④ 首輪 (167)
⑤ 目と鼻 (167)

〈実物大図案〉

〈ロング&ショートS〉

● フラミンゴ
【布】グレー
【糸】ピンク (115A)

〈ステッチの順序と方向〉
① 頭→胴体
② 足

〈実物大図案〉

〈ロング&ショートS〉

> **note**
>
> 刺繍した布は洗濯できます。私はよく服にブローチをつけっぱなしでウッカリ洗濯機で回してしまうことがあります。でも、大丈夫です。きれいになるだけで刺繍には支障ありません。ただ糸も自然のものなので、何年も使うと時間とともに毛羽立ちも出てきますので、そういうときはハサミで表面の毛をカットすればいいのです。

チェーン・ステッチ　photo>>p.21

●おうち
【布】紺
【糸】白(2500)、ピンク(815)、ブルー(164)

〈実物大図案〉

〈ステッチの順序と方向〉
① 壁(2500)、ドア(815)
② 屋根(164)
③ 煙突(815)
④ 窓(164)
⑤ 柵(815)

●バスケット
【布】紺
【糸】白(2500)、ピンク(815)、ブルー(164)

〈実物大図案〉

〈ステッチの順序と方向〉
① バスケット(2500)(164)
② りんごと瓶(815)(164)(2500)
③ 持ち手(2500)

---

note

見本とまったく同じものを作ろうとすると疲れてしまいます。使うときに本と並べて見る人はいないので、ちょっとズレたラインも味です。たまたまできたラインが意外と可愛い場合もあります。私も2個めはまったく同じには作れません。機械のように同じものを作るのは難しいですね。でき上がっていくプロセスも含めて、自分の味として楽しみながら作ってみてくださいね。

チェーン・ステッチ　photo>>p.21

● アルファベット

【布】紺
【糸】白(2500)、ピンク(815)、ブルー(164)

〈ステッチの順序と方向〉
① 文字(2500)
② 花飾り(815)(164)

〈実物大図案〉

〈レゼーデージーS〉

● エッフェル塔

【布】紺
【糸】白(2500)、ピンク(815)、ブルー(164)

〈ステッチの順序と方向〉
① エッフェル塔(164)
② リース(2500)
③ リボン(815)
④ リースの飾り(815)
⑤ 塔の先(164)

point
塔は①の位置をスタートし、上から下へ刺し、先端は後から刺します。

〈実物大図案〉

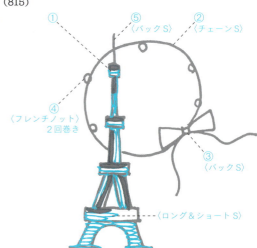
〈バックS〉　〈チェーンS〉
〈フレンチノット〉2回巻き
〈バックS〉
〈ロング&ショートS〉

アネモネとマーガレット　photo>>p.22　　　　●ポットマットの仕立て >>p.62

【布】ライトグレー
【糸】黄緑 (269)、チャコールグレー (895)
【その他】ひも　キルト芯　ミシン糸

〈ステッチの順序と方向〉
①〜② 花びら (269)
③ おしべと花心 (895)
④ 茎 (895)
⑤ 葉 (895)

〈実物大図案〉

〈フレンチノット〉③
2回巻き
〈アウトラインS〉⑤

〈ステッチの順序と方向〉
① 花びら (269)
② 花心 (895)
③ 茎 (895)
④ 葉 (895)

〈実物大図案〉

アネモネ　photo>>p.17

左上【布】白　　　　　　【糸】濃いピンク (485A)、黒 (600)
左下【布】ライトグレー　【糸】黄色 (701)、紺 (166)
右上【布】青　　　　　　【糸】白 (2500)、黒 (600)
右下【布】黄色　　　　　【糸】紺 (166)、白 (2500)

ポットマットの仕立て方　photo>>p.22,25

→ 図案 >> aはp.61、bはp.65

【布】表布　17cm × 13cm　1枚
　　　a：ライトグレー　b：白

　　　裏布　17cm × 13cm　1枚
　　　a：黄色　b：緑

【その他】キルト芯　15cm × 11cm　2枚
　　　ひも　10cm
　　　縫い糸　適宜

1. 表布に刺繍をする。

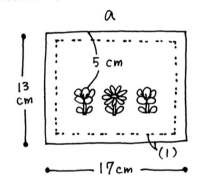
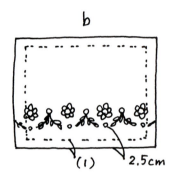

2. 表布にキルト芯を重ね、裏布と中表に合わせ、返し口を残して縫う。

3. 表に返して、返し口をまつる。

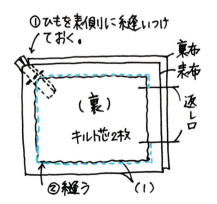
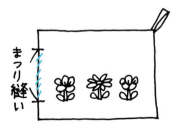

連続模様 ✿ アラカルト photo>>p.24

【布】ライトグレー
【糸】青緑(375)、ライトグレー(521)、黄緑(269)

〈ステッチの順序と方向〉
① 丸(269)
② ライン(521)
③ 葉(521)
④ 花(521)(375)

〈実物大図案〉

縁飾りつきタオル photo>>p.23

【布】ワッフルタオル　白
【糸】ブルー(164)

②〈バックS〉

【布】ライトグレー
【糸】青緑(375)、ライトグレー(521)

〈ステッチの順序と方向〉
① 花びら(521)
② 花心(375)
③ 茎(375)
④ 葉(375)

〈実物大図案〉

③〈アウトラインS〉
〈フレンチノット〉2回巻き

連続模様 ✿ アラカルト　photo>>p.24

【布】ライトグレー
【糸】ライトグレー(521)、黄緑(269)

〈ステッチの順序と方向〉
① 茎 (269)
② 葉 (269)
③ 花 (521)

〈実物大図案〉

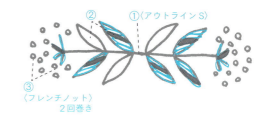

①〈アウトラインS〉
③〈フレンチノット〉2回巻き

【布】ライトグレー
【糸】青緑(375)、ライトグレー(521)

〈ステッチの順序と方向〉
① 丸 (375)
② ライン (375)
③ 葉 (375)(521)
④ 花 (521)(375)

〈実物大図案〉

〈サークル・サテンS〉
〈コーチング〉6本の糸を2本どりで留める

---

note

色を選ぶときのコツは、色を減らすこと。たとえば同じ画面の中に緑を使う場所が2カ所でてくるとします。木と地面から生えてる草とか。こういった場合、別のものだからと黄緑と緑で刺繍せずに、同じ色で刺した方がカッコいいです。引いて見たときに色が多いより少ない方がまとまって見えます。1枚にたくさん刺繍する場合でも10〜13色。ワンポイントなら1〜5色と決めてから、足りない色は、ある中からまかなってみましょう。オシャレになりますよ。

【布】ライトグレー

【糸】青緑（375）、
ライトグレー（521）、
黄緑（269）

〈実物大図案〉

〈ステッチの順序と方向〉

① 花（521）（375）

② 茎（269）

③ 葉（269）

花模様のエプロン
スカート（p.27）は
この刺し方を参照して、
p.55の図案で刺す。

〈アウトラインS〉

連続模様のポットマット　　photo>>p.25

ポットマットの仕立て >>p.62

【糸】赤（836）、水色（732）、ブルー（525）、
緑（899）、薄緑（897）

〈ステッチの順序と方向〉

ステッチの方向は p.64 参照

① 丸（897）

② ライン（899）

③ 葉（525）（836）

④ 花（732）（836）

きのこのブックカバー photo>>p.28

● きのこ

【糸】えんじ (655)、
黄色 (771)、
薄緑 (681)

〈実物大図案〉

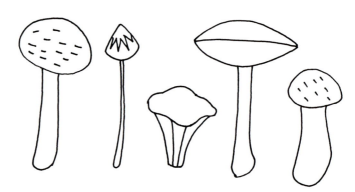

〈ステッチの順序と方向〉

① 傘 (655)(771)(681)
② 軸 (771)(681)
③ 模様 (681)

※写真参照

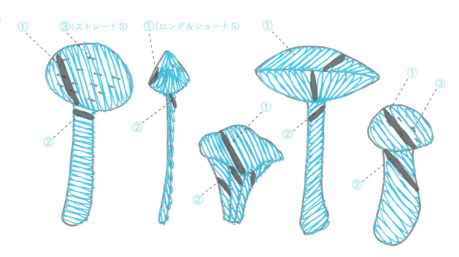

ブックカバーの仕立て方 photo>>p.28

【布】表布　紺　40cm × 20cm　1枚
　　　裏布　ベージュ　40cm × 20cm　1枚
【その他】リボン　2cm幅　20cm
　　　　　縫い糸　適宜

※カバーをかけたい本のサイズを確認してから
　作りましょう。

1. 布を表布1枚、裏布1枚カットする。

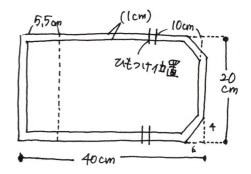

2. 刺繍をし、リボンを縫いつける。

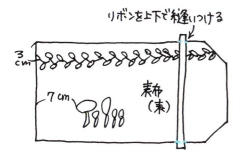

3. 中表に重ね、端を片方だけ縫う。

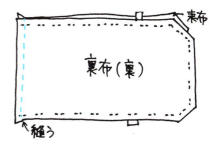

4. 差し込みを図のように折り、返し口を残してまわりを縫う。

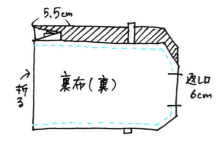

5. 表に返し、折り返し部分は表布の内側に裏布を折り込む。返し口をまつる。

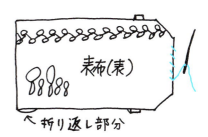

┃キッチンとガーデン　photo>>p.29

●ちょう
【布】ミディアムグレー
【糸】えんじ(655)、白(2500)

〈ステッチの順序と方向〉
① ～② 羽 (655)
③ 体 (2500)
④ 触角 (2500)

●ティータイム
【布】ミディアムグレー
【糸】黄色(771)、白(2500)

〈ステッチの順序と方向〉
クリーマーとカップ
① 丸 (771)
② 本体、持ち手 (2500)(771)
③ 模様 (771)

ポット
① 丸 (771)
② 本体 (2500)(771)
③ ふた (771)
④ 注ぎ口 (2500)
⑤ 持ち手 (2500)

●ベジタブル

【布】ミディアムグレー

【糸】黄色(771)、
　　えんじ(655)、
　　チャコールグレー(476)、
　　白(2500)、
　　カーキ色(924)

〈ステッチの順序と方向〉

タマネギ
①〜⑤ 実(771)

ラディッシュ
① 実(2500)
② 茎(476)
③ 葉(476)

にんじん
① 実(655)
② 茎(924)
③ 葉(924)

トマト
① 軸(771)
② 葉(771)
③ 実(924)

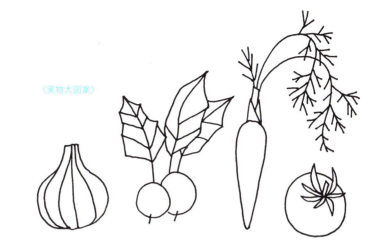
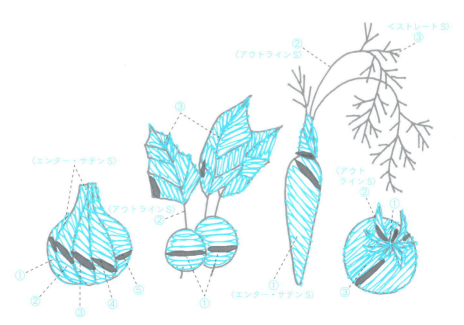

キッチンとガーデン　photo>>p.29

● あじさい

【布】ミディアムグレー
【糸】チャコールグレー（476）、白（2500）

〈ステッチの順序と方向〉
① 花びら（2500）
② 花心（476）
③ 茎（476）
④ 葉（476）

〈実物大図案〉

〈ロング＆ショートS〉 ①
〈フレンチノット〉3回巻き ②

ハーブのサシェ photo>>p.30

→ サシェの仕立て >>p.72

● カモミール
【布】水色
【糸】オフホワイト(364)

〈実物大図案〉

〈ステッチの順序と方向〉
① 花心
② 花びら
③ 茎
④ 葉

〈アウトラインS〉③
〈ストレートS〉

● ローズ
【布】水色
【糸】オフホワイト(364)

〈実物大図案〉

〈ステッチの順序と方向〉
①〜⑨ 花
⑩ 茎
⑪ 葉

point
花びらは中心から外へ向かって1枚ずつ刺す。

〈アウトラインS〉

● ラベンダー
【布】水色
【糸】オフホワイト(364)

〈実物大図案〉

〈ステッチの順序と方向〉
① 花
② 茎
③ 葉

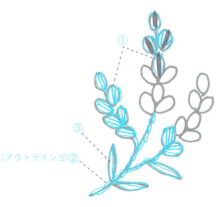
〈アウトラインS〉②

サシェの仕立て方　photo>>p.30　　　　　図案 >>p.71

【布】水色　12cm × 34cm　1枚
【その他】レース or リボン 25cm　1本
　　　　　ポプリ & わた、縫い糸　適宜

1. 布に刺繍をする。

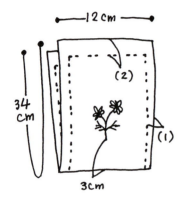

2. 中表に折り、両端を縫う。

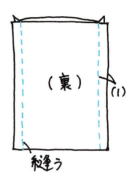

3. 入れ口を三つ折りにしてまつる。

4. 表に返し、ポプリとわたを入れ、
　レースやリボンで口を結ぶ。

小さながまぐち photo>>p.31

→ がまぐちの仕立て >>p.74

● 梨の花
【布】ベージュ
【糸】水色 (410A)、紺 (168)

〈ステッチの順序と方向〉
① 花びら (410A)、おしべ (168)
② 枝 (168)
③ 葉 (168)

〈実物大図案〉

〈ストレートS〉 〈バードフットS〉 〈アウトラインS〉

● パスクフラワー
【布】ライトグリーン
【糸】紫 (173)、紺 (168)

〈ステッチの順序と方向〉
①〜③ 花 (173)
④ 茎 (168)
⑤ 葉 (168)

〈実物大図案〉

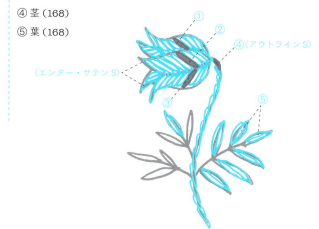
〈エンター・サテンS〉 〈アウトラインS〉

がまぐちの仕立て方　photo>>p.31

【布】表布　10cm × 15cm　1枚
　　　裏布　10cm × 15cm　1枚
【その他】口金　幅8cm
　　　　　（口金の型紙がついているものを使用）
　　　　　縫い糸　適宜

図案 >>p.73

【サイズ】横8cm、縦12cm、マチ4cm

1. 口金の型紙を使って、表布2枚、裏布2枚をカットし、表布1枚に刺繍をする。

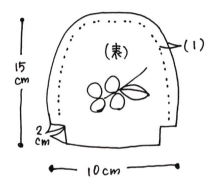

2. 表布どうしを中表に重ね、返し口を残して、両脇と底を縫う。角をたたんでマチを縫う。（裏布も同様に縫う）

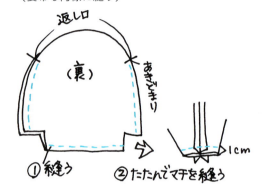

3. 表布を外表に返し、中に裏布を入れて、それぞれ返し口をまつる。

4. 返し口にひもをまつり、ボンドをつけたら口金に目打ちなどで差し込む。

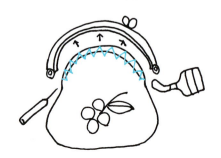

アルファベットサンプラー　photo>>p.32

【布】茶色
【糸】白(100)、黒(600)

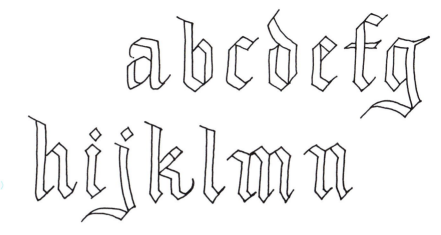

〈実物大図案〉

|| アルファベットサンプラー　photo>>p.32

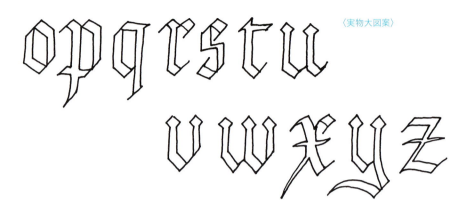

〈実物大図案〉

〈バックS〉

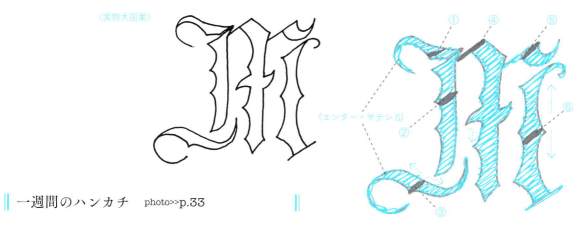

一週間のハンカチ photo>>p.33

【布】グリーン、イエロー、ネイビー
【糸】白(2500)、紺(166)、黒(600)

動物達のブローチ photo>>p.34&35

ブローチの仕立て >>p.81

●ふくろう

【布】ブルー
【糸】白(2500)、
　　黒(600)
【その他】
直径4cmの
ブローチ金具1個

〈実物大図案〉

〈ステッチの順序と方向〉
① 顔 (2500)
② 頭 (2500)
③ 羽根 (2500)
④ おなか (2500)
⑤ しっぽ (2500)
⑥ 枝と葉っぱ (600)
⑦ 目とくちばし (600)

目〈フレンチノット〉2回巻き
③〈ロング＆ショートS〉

●しろくま

【布】グリーン
【糸】白(2500)、
　　黒(600)
【その他】
直径4cmの
ブローチ金具1個

〈実物大図案〉

〈ステッチの順序と方向〉
① 頭→胴体→手前の脚 (2500)
② 奥の脚 (2500)
③ 目と耳と鼻 (600)

③目〈フレンチノット〉2回巻き
〈ロング＆ショートS〉

●はりねずみ

【布】ブルー
【糸】ベージュ(367)、
　　黒(600)
【その他】
直径4cmの
ブローチ金具1個

〈実物大図案〉

〈ステッチの順序と方向〉
① 頭→胴体→脚 (367)
② 針 (367)
③ 目 (600)
④ 模様 (600)

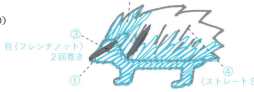

②〈ロング＆ショートS〉
目〈フレンチノット〉2回巻き
④〈ストレートS〉

● こやぎ

【布】グリーン
【糸】白 (2500)、
　　 黒 (600)、
　　 水色 (412)、
　　 黄色 (300)
【その他】
直径4cmの
ブローチ金具1個

〈実物大図案〉

〈ステッチの順序と方向〉
① 頭 (2500)
② 耳 (2500)
③ 胴体→手前の脚 (2500)
④ 奥の脚 (2500)
⑤ 鈴と首輪 (412)(300)
⑥ 目と鼻 (600)

〈ロング＆ショートS〉
〈ストレートS〉

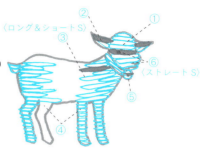

● うさぎ

【布】ブルー
【糸】ベージュ (367)、
　　 白 (2500)、
　　 黒 (600)
【その他】
直径4cmの
ブローチ金具1個

〈実物大図案〉

〈ステッチの順序と方向〉
① 頭 (367)
② 手前の耳 (367)
③ 奥の耳 (367)
④ 顔 (2500)
⑤ 胸 (2500)
⑥ 胴体 (367)
⑦ しっぽ (367)
⑧ 目 (600)

〈ストレートS〉
〈ロング＆ショートS〉

● りす

【布】ブルー
【糸】ベージュ (367)、
　　 黒 (600)
【その他】
直径4cmの
ブローチ金具1個

〈実物大図案〉

〈ステッチの順序と方向〉
① 頭 (367)
② 耳 (367)
③ 胴体→手前の脚 (367)
④ 奥の脚 (367)
⑤ しっぽ (367)
⑥ 模様 (600)
⑦ 目 (600)

〈アウトラインS〉
〈フレンチノット〉2回巻き
〈ロング＆ショートS〉

動物達のブローチ photo>>p.34&35

●ぺんぎん

【布】グリーン
【糸】白(2500)、
　　黒(600)
【その他】
直径4cmの
ブローチ金具1個

〈実物大図案〉

〈ステッチの順序と方向〉
① 顔 (2500)
② 頭→背中 (600)
③ くちばし (600)
④ おなか (2500)
⑤ しっぽ (600)
⑥ 足 (600)
⑦ 目 (600)

目〈フレンチノット〉
2回巻き

〈ロング＆
ショートS〉

●ねこ

【布】グリーン
【糸】白(2500)、
　　黄色(300)
【その他】
直径4cmの
ブローチ金具1個

〈実物大図案〉

〈ステッチの順序と方向〉
① 頭 (2500)
② 耳 (2500)
③ 胴体 (2500)
④ しっぽ (2500)
⑤ 首輪 (300)

〈ロング＆
ショートS〉

●ひつじ

【布】グリーン
【糸】白(2500)、
　　黒(600)
【その他】
直径4cmの
ブローチ金具1個

〈実物大図案〉

〈ステッチの順序と方向〉
① 頭 (600)
② 耳 (600)
③ 毛 (2500)
④ 脚 (600)

③〈ストレートS〉
6本どり

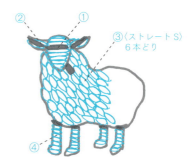

● ことり

【布】ブルー
【糸】白 (2500)、
　　 黒 (600)、
　　 ベージュ (367)
【その他】
直径4cmの
ブローチ金具1個

〈実物大図案〉

〈ステッチの順序と方向〉
① 頭 (367)
② くちばし (600)
③ 羽根 (2500)
④ しっぽ (367)
⑤ 足 (600)
⑥ 目 (600)

③〈ロング＆ショートS〉　④
①
②
⑥〈フレンチノット〉2回巻き
⑤〈ストレートS〉

|| ブローチの仕立て方　photo>>p.34〜36　　　　|| ━━● 図案 >>p.78〜83

1. 縫い代部分をぐし縫いする。

2. プレートをくるんで引き絞る。

3. 星形にひっつめて玉どめをする。

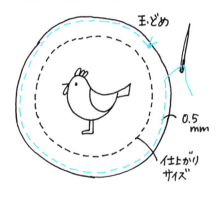

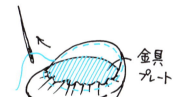

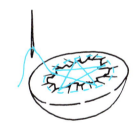

4. ブローチ金具に接着剤でつける。

5. マスキングテープで固定して乾かす。

木枠のブローチ photo>>p.36

●木の実
【布】赤
【糸】白（2500）
【その他】
直径4.5cmの
木枠ブローチパーツ

〈実物大図案〉

ブローチの仕立て >>p.81

〈ステッチの順序と方向〉
① 実
② 茎
③ 葉

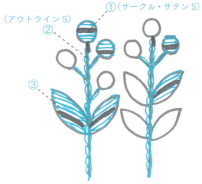

①〈サークル・サテンS〉
②
③

●カルダモン
【布】赤
【糸】白（2500）、
からし色（2702）
【その他】
直径4.5cmの
木枠ブローチパーツ

〈実物大図案〉

〈ステッチの順序と方向〉
① 花びら（2500）
② 花心（2702）
③ 茎（2500）
④ 葉（2500）

〈フレンチノット
2回巻き〉
②
①
③
〈ストレートS〉
④
〈アウトラインS〉

●マートル
【布】赤
【糸】白（2500）
【その他】
直径4.5cmの
木枠ブローチパーツ

〈実物大図案〉

〈ステッチの順序と方向〉
① 花びら
② おしべ
③ 茎
④ 葉

②〈サークル・サテンS〉
①
〈アウトラインS〉③
④

●にわとり

【布】赤
【糸】白 (2500)、からし色 (2702)
【その他】
直径 4.5cm の
木枠ブローチパーツ

〈実物大図案〉

〈ステッチの順序と方向〉
① 頭→おなか→尾 (2500)
② 羽 (2702)
③ 足 (2702)
④ とさか (2702)
⑤ くちばし、目 (2702)
⑥ 模様 (2500)

〈ロング&ショート S〉
〈フレンチノット〉2回巻き

●アパルトマン

【布】赤
【糸】白 (2500)、からし色 (2702)
【その他】
直径 4.5cm の
木枠ブローチパーツ

〈実物大図案〉

〈ステッチの順序と方向〉
① 壁→屋根 (2500) (2702)
② 窓、ドア (2500) (2702)
③ 木 (2500) (2702)
④ 飾り、煙突 (2500) (2702)

〈ストレート S〉

---

note

刺繍のレベルは、見た目とまったく違います。見た目1色で簡単そうに見えても意外と難しい場合があります。大雑把に順番をつけると、一番簡単なのは植物。少しぐらい曲がっていても花と葉があればそれなりに見えます。2番目は建物、乗り物など、マル、サンカク、シカクで構成されている図案。根気があれば完成します。3番目が人物。4番目が裸の動物。服を着ていれば、人物と同じように刺せます。ですが、裸の動物は曲線の刺繍が難しく感じると思います。動物を刺繍したい場合は、植物などで練習してからチャレンジしてみてください。

回転木馬の巾着　photo>>p.37

●回転木馬

【糸】赤(2241)、
　　　グラデーション(8070)、
　　　ベージュ(890)、
　　　チャコールグレー(895)

〈ステッチの順序と方向〉

① 屋根飾り(8070)
② 土台(8070)
③ 支柱(8070)
④ 支柱飾り(8070)
⑤ 屋根(2500)
⑥ ポール(895)
⑦ ポール飾り(2241)
⑧ フラッグ(8070)

[馬]
① 頭(890)
② 胴体→脚(890)
③ 鞍(895)
④ たてがみ(895)
⑤ 尾(895)
⑥ ひづめ(895)
⑦ ポール(895)
⑧ くつわ(895)

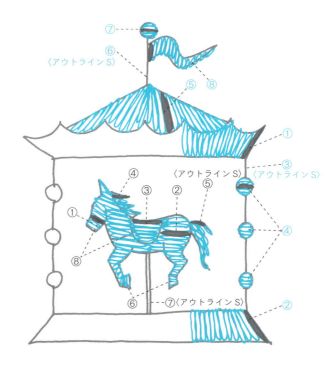

巾着の仕立て方　photo>>p.37

【布】白　49cm×23cm　1枚
【その他】布テープ　2cm幅　23cm×2本
　　　　　ひも　50cm×2本
　　　　　縫い糸　適宜

1. 布に刺繍をする。

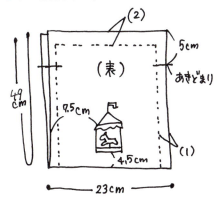

2. 中表に折り、両端を縫う。
   縫い代にジグザグミシンをかける。

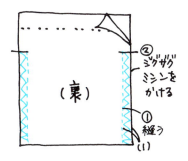

3. あきどまりのまわりを縫う。

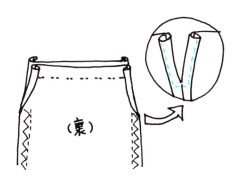

4. 布テープ（ひも通し）をつけ、
   入れ口を3つ折り縫い。ひもを通す。

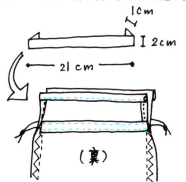

乗り物 etc. photo>>p.38&39

● 機帆船

【布】グレー
【糸】ブルー(163)、
　　　緑(846)、
　　　黄色(701)

〈実物大図案〉

〈ステッチの順序と方向〉
① ~ ② 船体 (163)(846)
③ 煙突 (163)(846)
④ ~ ⑥ 帆 (163)(846)
⑦ フラッグ (846)
⑧ 飾り＆ポール (846)(701)

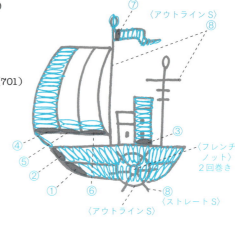

〈アウトラインS〉
〈フレンチノット〉2回巻き
〈アウトラインS〉
〈ストレートS〉

● クラシックカー

【布】グレー
【糸】ブルー(163)、
　　　緑(846)、
　　　黄色(701)

〈実物大図案〉

〈ステッチの順序と方向〉
① タイヤ (701)(163)
② 前車体 (846)
③ ドア (163)
④ 後ろ車体 (846)
⑤ ボンネット (846)
⑥ ライト、ハンドル (701)
⑦ フロントグリル (163)
⑧ サイド (846)
⑨ ルーフ (846)

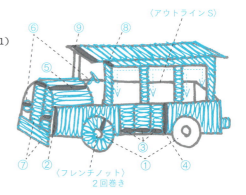

〈アウトラインS〉
〈フレンチノット〉2回巻き

● 戦闘機

【布】グレー
【糸】白 (2500)、
　　 赤 (2343)、
　　 薄緑 (897)

〈ステッチの順序と方向〉
① コックピット (897)
②〜⑤ 機体 (2500)(897)(2343)
⑥ 尾翼 (897)(2343)
⑦ 主翼 (2500)(897)(2343)

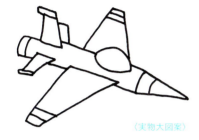
〈実物大図案〉

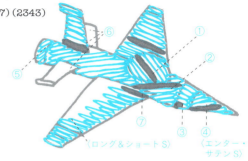
〈ロング&ショートS〉　〈エンター・サテンS〉

● 気球

【布】グレー
【糸】ブルー (163)、
　　 緑 (846)、
　　 黄色 (701)

〈ステッチの順序と方向〉
① 気球模様 (701)
②〜④ バルーン (846)
⑤ ロープ (846)
⑥ ゴンドラ (846)
⑦ ゴンドラ模様 (163)

〈実物大図案〉

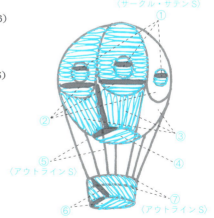
〈サークル・サテンS〉
〈アウトラインS〉
〈アウトラインS〉

乗り物 etc.　photo>>p.39

● 家と庭

【布】グレー
【糸】白（2500）、
　　　赤（2343）、
　　　薄緑（897）

〈ステッチの順序と方向〉
① 壁、ドア、窓（897）（2500）
② 屋根（2500）
③ 煙突（2343）
④ 幹（2500）
⑤ 葉（897）
⑥ 柵（2343）

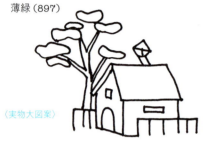
〈実物大図案〉

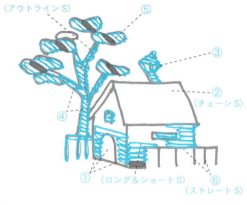
〈アウトラインS〉
〈チェーンS〉
〈ロング＆ショートS〉
〈ストレートS〉

● 汽車

【布】グレー
【糸】白（2500）、
　　　赤（2343）、
　　　薄緑（897）

〈ステッチの順序と方向〉
① 車輪（897）
② 車体（2500）（2343）
③ 煙突ほか（2500）（897）

〈実物大図案〉
〈ロング＆ショートS〉

ラプンツェル photo>>p.40

(実物大図案)

ラプンツェル photo>>p.40

● ちょう
【布】水色
【糸】青緑(564)、オフホワイト(100)

〈ステッチの順序と方向〉
①〜② 羽(100)
③ 体、触角(564)

● マーガレット
【布】水色
【糸】青緑(564)、オレンジ(145)、オフホワイト(100)

〈ステッチの順序と方向〉
① 花心(145)
② 花びら(100)
③ 茎(564)
④ 葉(564)

● ラプンツェル
【布】水色
【糸】青緑(564)、黄色(700)、オレンジ(145)、青(414A)、オフホワイト(100)、薄いオレンジ(341)

〈ステッチの順序と方向〉
p.92 参照
① 顔(341)
② 髪飾り(145)
③ 肩と腕(100)(341)
④ 髪の毛(700)
⑤ ドレスの飾り(414A)
⑥ ドレス(100)
⑦ 足(341)

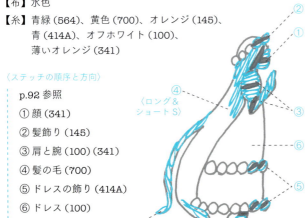

● シュロ
【布】水色
【糸】青緑(564)、黄色(700)

〈ステッチの順序と方向〉
① 実(700)
② 葉(564)
③ 枝(564)

●ゲウム

【布】水色
【糸】青緑(564)、黄色(700)、
　　 オフホワイト(100)

〈ステッチの順序と方向〉

① 花心 (700)
② 花びら (100)
③ 茎 (564)
④ 葉 (564)

長靴を履いた猫　photo>>p.41

●木

【布】黄色
【糸】青緑(564)、
　　 オレンジ(145)

〈ステッチの順序と方向〉

① 葉 (564)
② 幹 (145)

ラプンツェルの木は、
この刺し方を参照して、
p.89の図案で刺す。

●塔

【布】水色
【糸】青緑(564)、黄色(700)、
　　 オレンジ(145)、
　　 オフホワイト(100)

〈ステッチの順序と方向〉

①②④ 壁 (100)
③ ドア (564)
⑤ 屋根 (700)(145)
⑥ 窓 (564)
⑦ 木 (564)(700)

長靴を履いた猫　photo>>p.41

〈実物大図案〉

(→ p.91)

●猫

【布】黄色
【糸】青緑(564)、黄色(300)、
　　オレンジ(145)、薄い水色(410A)、
　　黒(600)

〈ステッチの順序と方向〉

① 顔(410A)
② 耳(410A)
③〜⑤ 帽子(564)(145)
⑥⑦ 洋服(564)(145)
⑧⑨ 袋、マント(564)(300)
⑩ 手(410A)
⑪⑫ 足(410A)
⑬⑭ 長靴(145)
⑮ 目と口(600)

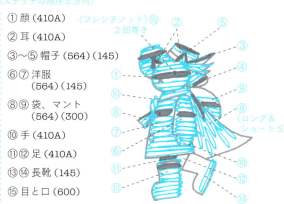

〈フレンチノット〉2回巻き
〈ロング＆ショートS〉

●お城

【布】黄色
【糸】青緑(564)、オレンジ(145)、
　　薄い水色(410A)

〈ステッチの順序と方向〉

①〜③ 城壁(410A)
④ 屋根(564)
⑤ フラッグ(145)(564)
⑥ 窓とドア(564)

〈ストレートS〉

●トリ

【布】黄色
【糸】青緑(564)、薄い水色(410A)、
　　オレンジ(145)

〈ステッチの順序と方向〉

① 頭→羽→尾(564)
② 奥の羽(564)
③ おなか(410A)
④ 目と口ばし(145)(410A)

〈エンター・サテンS〉
〈フレンチノット〉2回巻き

●あざみとパンジー

【布】黄色
【糸】青緑(564)、オレンジ(145)、
　　薄い水色(410A)

〈ステッチの順序と方向〉

① 花びら(145)(410A)
② がく、花心(564)
③ 茎(564)
④ 葉(564)

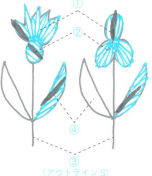

〈アウトラインS〉

不思議の国のアリス（参考作品） photo>>p.4&5

●アリス

【布】白
【糸】薄いオレンジ (341)、
茶色 (340)、ブルー (214)、
白 (2500)、黒 (600)

〈実物大図案〉

〈ステッチの順序と方向〉

① 顔 (341)
② 髪 (340)
③ 袖 (214)
④ 腕 (341)
⑤ エプロン (2500)
⑥ スカート (214)
⑦ 手前の足 (2500)(600)
⑧ 奥の足 (2500)(600)
⑨ 靴 (600)
⑩ カチューシャ (600)

●うさぎ

【布】白
【糸】ベージュ (712)、
赤 (206)、黄色 (300)、
黒 (600)

〈実物大図案〉

〈ステッチの順序と方向〉

① 頭 (712)
② 手前の耳 (712)
③ 奥の耳 (712)
④ 袖 (206)
⑤ 服 (206)
⑥ 前足 (712)
⑦ 胴体 (712)
⑧ 時計 (300)
⑨ 目 (600)

●木

【布】白
【糸】黄緑 (2323)、
緑 (900)、
こげ茶 (312)、
ベージュ (367)

〈実物大図案〉

〈ステッチの順序と方向〉

① 幹 (312)(367)
② 葉 (900)(2323)

基本のステッチ

● ストレート・ステッチ
まっすぐ刺す

● バック・ステッチ
返し縫いのように、前のステッチと同じ穴に刺す

● アウトライン・ステッチ
一目の半分程度を重ねながら進める

● コーチング
ベース糸を、別糸で留めつけていく方法

● チェーン・ステッチ
① 図の様に針を出し、糸を掛ける
② 針を布から抜く
③ 3のすぐ隣に針を入れ、①と同じサイズになるように針を出すこれを繰り返す

● レゼーデージー・ステッチ
①
②
チェーンステッチの①と②の要領で刺し、外側をひと針とめる
花の様に並べる

● フレンチノット
① 針を出し、糸を指定の回数巻きつける（大きくするときは糸の本数を増やす）
② 同じところに刺す
③ 糸を引いて、引き締まった状態にしてから針を下に引き出す

● ロング＆ショート・ステッチ
① 長いステッチと短いステッチを入れる

② 少し先に出して、最初に刺したステッチの間を割るように刺す

③ すき間を埋めるように刺す

● チェーン・フェザー・ステッチ
① 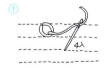 補助線を4本ひく。チェーンステッチの①と②を刺し、図の位置に針を入れる
② 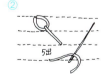 5の位置から針を出し、上向きにチェーン・ステッチをする
③ 図の位置に針を入れる。これをくり返す

作品デザイン・制作　川畑杏奈

制作協力　大竹涼子　齋藤深雪　物造工房クダトリノ

デザイン　佐々木千代（双葉七十四）

撮影　天野憲仁（日本文芸社）

スタイリング　鍵山奈美

編集協力　小泉未来

<素材協力>

株式会社ルシアン

〒532-0004　大阪府大阪市淀川区西宮原1-7-51 ワコール大阪ビル

お客様センター　0120-817-125（通話料無料）平日9:00〜17:30／土・日・祝は除く

https://www.lecien.co.jp/

リネンバード二子玉川

〒158-0094　東京都世田谷区玉川3-12-11

TEL 03-5797-5517（10:30〜19:00）

info@linenbird.com

---

annas（アンナス）のプチ刺繍（ししゅう）

2015年1月30日　第1刷発行
2023年6月1日　第5刷発行

著者　川畑杏奈（かわばたあんな）
発行者　吉田芳史
印刷所　図書印刷株式会社
製本所　図書印刷株式会社
発行所　株式会社 日本文芸社

〒100-0003　東京都千代田区一ツ橋1-1-1 パレスサイドビル8F
TEL 03-5224-6460（代表）
Printed in Japan　112150120-112230516 Ⓝ05 (201006)
ISBN978-4-537-21223-5
URL https://www.nihonbungeisha.co.jp/

© Anna Kawabata 2015

編集担当　吉村

<カバー作品>

【布】黄色

【糸】白（2500）、赤（858）

● 図案と刺し方、参照ページ

りす(p.79)、花(p.65)、ぺんぎん(p.80)

気球(p.87)、こやぎ(p.79)、ブローチ カルダモン(p.82)

ダックスフント(p.58)

乱丁・落丁本などの不良品がありましたら、小社製作部宛にお送りください。送料小社負担にておとりかえいたします。
法律で認められた場合を除いて、本書作品の複製・頒布および複写・転載（電子化を含む）は禁じられています。
また、代行業者等の第三者による電子データ化および電子書籍化は、いかなる場合も認められていません。

印刷物のため、実際の色と異なる場合があります。ご了承下さい。